COCINA ESPAÑOLA

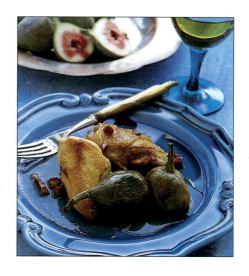

www.edimat.es

Contenido

Introducción 4

Ingredientes 6

Técnicas 8

Tapas 10

Sopas 24

Platos de pescado 32

Platos de pollo, aves de caza y carne 42

Postres 54

Introducción

En España, comer es un negocio serio, pero divertido. El día normalmente empieza temprano con un café y una pasta, después «el almuerzo», a una hora avanzada de la mañana y antes de que el sol sea demasiado fuerte para comer. La comida principal del día es «la comida», servida a media tarde y normalmente se compone de 3 platos. Ésta está tradicionalmente seguida por la siesta, hasta el frescor del anochecer. Cuando el trabajo ha terminado, es el momento de relajarse con un vaso de jerez frío y unas cuantas tapas. El día finaliza con una cena ligera bastante entrada la noche.

Las tapas que tienen su origen en Andalucía, situada en el sur de España, son populares en multitud de países. Una tapa es una «cubierta»; se le llamaba así porque el jerez era servido con el vaso cubierto con un trozo de pan con jamón o queso para alejar a las moscas. Las tapas están designadas para ser fáciles de comer, normalmente con los dedos o con palillos, durante los cócteles. Aunque su función es la de un tentempié, una comida puede ser preparada con una selección de 6 o más platos de tapas.

Este libro incluye los platos clásicos, desde sopas frías a paella, y desde tapas a carne a la cazuela, con postres refrescantes y con las suculentas frutas españolas como continuación.

INTRODUCCIÓN

Ingredientes

La comida española es un deleite para los ojos y el paladar, usando una variedad de ingredientes frescos y sabores aromáticos.

Productos lácteos: Ambos, la leche y la crema de leche son típicos de los postres, pero no se usan tanto para platos salados. El queso más famoso es el queso manchego, hecho de leche de oveja. Un queso joven, suave y cremoso, difícil de encontrar fuera de España, pero se puede encontrar fácilmente el *tangy*, un queso maduro muy sabroso.

Pescado y marisco: La merluza, las sardinas y el bacalao son los pescados más populares en España, además de las anchoas, pejesapo y salmonete. Otros mariscos populares son los mejillones, las almejas, las gambas, los calamares, los cangrejos y la langosta.

Fruta: España es rica en fruta, particularmente naranjas, limones, higos, melocotones y melones, y es una gran cultivadora de fresas.

Granos y legumbres: El arroz ideal para paella es el valenciano, pero es difícil de conseguir fuera de España; el arroz *risotto* italiano o el arroz alargado puede ser usado para reemplazarlo. El arroz blanco o con sabor a azafrán son los acompañamientos más comunes a la carne y platos de marisco. Los platos cocinados con abundante maíz son muy comunes en toda España y una amplia variedad de judías secas y guisantes caracterizan las sopas y cocidos españoles.

Arriba, desde la derecha: ajo, azafrán y pimienta húngara «paprika» son sabores esenciales.

INGREDIENTES

Arriba, desde la izquierda: «picos azules», manchego y quesos del monte enebro.

Hierbas y especias: El ajo es muy popular en España y es característico en un gran número de tapas. El perejil de hoja plana es popular como especia y para adornar los platos. El azafrán se compone de estigmas de naranja negra que provienen de las flores de azafrán, y se dice que La Mancha produce el mejor del mundo. *Paprika* es un dulce/suave condimento que proviene del pimiento rojo y que puede ser usado para aportar sabor y color a muchos platos españoles.

Carnes y pollos: El cerdo es la carne más popular, junto con la ternera, principalmente en forma de bistec, y es servido en restaurantes en la ciudad y en el norte del país. El pollo (entero y cortado) se prepara en una gran variedad de formas en toda España. Otros platos favoritos son el pato y las aves de caza. El jamón serrano, crudo, el jamón cocido como el *prosciutto*: chorizo, una salchicha de cerdo con *paprika*, el pudin negro, que también es muy importante en toda España.

Nueces y frutos secos: Una gran variedad de frutos secos, especialmente las almendras, se cultivan abundantemente en España, pero tienen tendencia a ser comidas como tentempiés o simples tapas, más que a ser incorporadas en platos para cocinar. En algunos postres tradicionales se usan las almendras para darles sabor o para decorarlos, los piñones son muy populares como rellenos y cubiertas para los pasteles.

Verduras: Las aceitunas aunque son una fruta, son usadas como verduras. Es normal comer aceitunas con hueso para que tú mismo lo quites. Estas son mejores que las que se venden en aceite. Las cebollas españolas tienen un sabor dulce y suave y normalmente son bastante grandes. Otros verduras populares son las judías verdes, calabacines, patatas, espinacas, pimientos, maíz y tomates.

Técnicas

Las aceitunas con hueso

Las aceitunas sin hueso no saben igual que las que llevan hueso, así que si es posible, quítelo usted mismo.

1 Para sacar el hueso de una aceituna, póngala en el deshuesador, apuntando al final cara arriba.

2 Apriete los mangos del deshuesador al mismo tiempo para extraer el hueso. Usando este aparato es mucho más fácil sacar el hueso de la aceituna, aunque también puede usar un cuchillo afilado.

Pelando y cortando los tomates

Se recomienda pelar los tomates antes de usarlos. Use siempre tomates maduros que tendrán un mejor sabor.

1 Use un cuchillo pequeño, pero afilado, parta los tomates por la mitad desde la base de cada uno.

2 Ponga los tomates en un recipiente de agua hirviendo. Déjelos durante 20-30 s hasta que la piel se separe. Escúrralos y colóquelos en otro recipiente de agua fría. Entonces, saque la piel y córtelos
a trozos.

Cortando las hierbas

Córtelas justo antes de usarlas: el sabor será mucho mejor.

1 Coloque las hojas en una tabla. Con un cuchillo afilado, (si usa un cuchillo desafilado estropeará las hierbas más que cortarlas), córtelas gruesas o finas, dependiendo de cómo las necesite.

2 Al mismo tiempo, use un cortador de hierbas, o también llamado *mezzaluna*, que es muy útil para cortar hierbas y verduras, y está compuesto de una hoja afilada y curvada con dos mangos. Use la *mezzaluna* con un movimiento oscilante para obtener mejores resultados.

Preparando el ajo

No se preocupe si no tiene una trituradora de ajo: inténtelo con este método, que le dará maravillosos resultados.

1 Rompa el diente de ajo, coloque el lado plano de un cuchillo en la parte superior y haga fuerza con el puño. Saque toda la piel. Y finalice cortándolo.

2 Rocíe una mesa con sal y usando la parte plana. Mezcle la sal con el ajo, hasta que los dientes se ablanden y saquen su jugo.

Tapas

Patatas bravas

Plato de patatas picantes, del cual hay muchas versiones. Todas son fritas y picantes con sabor a vinagre de vino.

4 personas

INGREDIENTES
675 g/1 ½ lb de tomates
   pequeños pelados
sal
5 cucharadas de aceite de oliva
2 dientes de ajo triturados
½ cucharadita de chile seco y triturado
½ cucharadita de comino
2 cucharaditas de *paprika*
2 cucharadas de vinagre de vino
   blanco o rojo
1 pimiento rojo o verde,
   sin semilla y cortado
sal gorda, para servir (opcional)

1 Cocine las patatas en agua con sal hasta que se ablanden. Escúrralas y pélalas. Córtelas en pedazos.

CONSEJOS: Deje la piel en las patatas; ayudará a retener el sabor y hará que tengan una buena textura al freír.

2 Caliente el aceite en una sartén grande y fría las patatas, removiéndolas continuamente, hasta que se doren.

3 Mientras tanto, triture el ajo, los chiles y el comino usando un mortero. Mézclelo con la *paprika* y el vinagre de vino.

4 Añada la mezcla del ajo a las patatas y el pimiento cortado y cocínelo, removiéndola durante 2 min. Sírvalo caliente, o déjalo enfriar. Esparcir sal gorda, si lo desea, antes de servir.

Pimientos en escabeche

Los pimientos están cocinados simplemente, sin piel. Puede encontrarlos enlatados o en jarra, pero son mucho más sabrosos cuando se preparan en casa.

2-4 personas

INGREDIENTES
3 pimientos rojos
2 dientes de ajo pequeños, triturados
3 cucharadas de perejil fresco, cortado
1 cucharada de vinagre de Jerez
2 cucharadas de aceite de oliva
sal

2 Cuando los pimientos estén lo suficientemente fríos, haga un corte pequeño en la parte superior de cada uno, sáqueles el jugo y déjelos aparte. Quíteles la piel y córtelos a lo largo, usando un cuchillo afilado. Sáqueles las semillas.

1 Caliente el horno a máxima temperatura. Coloque los pimientos en una bandeja y conecte la parrilla; gírelos de vez en cuando, durante 8-12 min, hasta que la piel se vuelva negra. Saque los pimientos del horno y cúbralos con un trapo limpio; déjelos durante 5 min para que la piel se ablande.

CONSEJOS: Los pimientos rojos son los pimientos verdes maduros. Compre fruta resistente y métala en la nevera. Use fruta lo más fresca posible, ya que tiene mejor sabor.

3 Corte los pimientos por la mitad en tiras de 1 cm/½ in y colóquelos en un recipiente.

VARIACIÓN: Puede usar una mezcla de pimientos rojos y amarillos como alternativa para esta receta.

TAPAS

4 Triture y mezcle el ajo, el perejil, el vinagre y el aceite con el zumo de los pimientos. Añada la sal y pruébelo. Coloque encima los pimientos cortados a tiras. Déjelos en reposo, si es posible deje que vuelvan a la temperatura ambiente antes de servir.

Espinacas con piñones

Las pasas y los piñones son habituales en las recetas españolas. Aquí, combinadas con espinacas y cuscurros, se convierten en un delicioso tentempié o acompañamiento.

4 personas

INGREDIENTES
⅓ de taza de pasas
1 trozo grueso de pan blanco
3 cucharadas de aceite de oliva
¼ de taza de piñones
500 g/1 ¼ lb de espinacas jóvenes, aclaradas y sin tallo
2 dientes de ajo, triturados
sal y pimienta negra fresca

1 Coloque las pasas en un recipiente pequeño, cúbralas con agua hirviendo y déjalas durante 10 min. Escúrralas.

2 Para los cuscurros, corte el pan en cuadrados o en forma de dados, sacando la corteza. Caliente 2 cucharadas de aceite y fría el pan hasta que se dore, girándolo frecuentemente. Sáquelo de la sartén y deje que escurra.

3 Caliente el aceite sobrante en una sartén. Fría los piñones hasta que empiecen a coger color. Añada las espinacas y el ajo y cocínelo rápidamente.

4 Mezcle con las pasas y sazone con sal y pimienta. Coloque en un plato para servir. Salpique con los cuscurros y sirva caliente.

Pan de ajo y tomate

Una cesta con pan de ajo crujiente y caliente es obligatoria como acompañante a cualquier tipo de tapas.

4-6 personas

INGREDIENTES
4 tomates grandes maduros, cortados
2 dientes de ajo, cortados
¼ cucharadita de sal
el zumo y la piel rallada de ½ limón
1 cucharadita de azúcar moreno
1 barra de pan, o pan payés
2 cucharadas de aceite de oliva
pimienta negra fresca

1 Caliente el horno a 200 °C/400 °F. Coloque los tomates, el ajo, la sal, la piel del limón y el azúcar moreno en una cazuela pequeña. Coloque una tapa y déjelo durante 5 min a una temperatura baja.

2 Corte el pan horizontalmente por la mitad, corte cada una de las mitades a lo ancho en 2 o 3 trozos. Colóquelo en una bandeja en el horno durante 5-8 min, hasta que esté dorado y crujiente.

3 Mientras tanto, mezcle el zumo del limón y el aceite en el tomate. Cocine, sin taparlo, durante 8 min más, hasta que espese.

4 Coloque la salsa de tomate en el pan, sazónelo con pimienta y sirva.

Tortilla de patata típica

Una tortilla tradicional española contiene cebolla y patatas. Puede añadir otros ingredientes, pero probablemente no podrá mejorarla más.

6 personas

INGREDIENTES
450 g/1 lb de patatas pequeñas
1 cebolla española
3 cucharadas de aceite vegetal
4 huevos
sal y pimienta fresca
hojas de perejil,
    para adornar

2 Caliente 2 cucharaditas de aceite en una freidora de 20 cm/8 in. Añada las patatas y la cebolla y cocínelas, removiendo constantemente durante unos 10 min, hasta que las patatas se ablanden. Sáquelas del fuego.

1 Pele y corte las patatas en trozos no muy gruesos. Corte la cebolla en trozos finos y sepárelos por aros.

3 En un recipiente grande, bata los huevos y añádales un poco de sal y pimienta. Añada las patatas y la cebolla.

VARIACIÓN: La tortilla también está muy buena fría y es perfecto para ir de excursión o llevar en una fiambrera.

4 Caliente el aceite restante en la satén y añada las patatas y los huevos. Cocínelo durante 5-8 min, hasta que se convierta en una masa compacta.

5 Coloque un plato grande encima de la sartén, déle la vuelta a la sartén y con la tortilla en el plato, vuélvala a colocar en la sartén. Cocínelo durante 2-3 min más, hasta que el otro lado de la tortilla esté dorado. Córtela en varios trozos y adórnela con las hojas del perejil.

Pastel de bacalao salado con alioli

Estos pastelitos son irresistibles. Empiece a cocinar este plato cuando tenga tiempo, ya que el bacalao salado necesita estar un tiempo en remojo.

6 personas

INGREDIENTES
450 g/1 lb de patatas, peladas y cortadas en cubos
115 g/4 oz de bacalao salado, en remojo en agua fría, cambiando el agua 3 veces, durante 48 h
1 cucharada de aceite de oliva
1 cebolla pequeña, troceada
1 diente de ajo, cortado
2 cucharadas de perejil fresco, cortado
1 huevo, batido
tabasco o salsa de chile, harina, para espolvorear, aceite vegetal, para freír
sal y pimienta fresca
hojas de perejil y piel del limón, para adornar
alioli, para servir

1 Cocine las patatas en una cazuela con agua caliente 10-12 min, hasta que se ablanden. Escúrralas bien, y tritúrelas hasta que se conviertan en una masa suave. Apártelas.

2 Coloque el bacalao en una cazuela y añada agua hasta cubrir, y hierva. Escúrralo, y saque las espinas y la piel. Usando un tenedor, pártalo en trozos.

3 Caliente el aceite de oliva en una cazuela pequeña y cocine la cebolla y el ajo 5 min, hasta que se ablanden.

4 En un recipiente grande, mezcle el puré de patata y el bacalao, el preparado con la cebolla frita y el perejil. Mézclelo con el huevo, añada la sal, la pimienta y el tabasco o la salsa de chile y pruébelo. Con las manos llenas de harina, haga 18 bolas.

5 Aplástelas ligeramente y colóquelas en un plato lleno de harina. Déjelas reposar durante 15 min.

CONSEJOS: Para preparar el alioli, coloque unos 4 dientes de ajo triturados en un recipiente con un poquito de sal y tritúrelos con una cuchara. Añada 2 yemas de huevo y bata con un mezclador eléctrico 30 s, hasta que se convierta en una salsa cremosa. Gradualmente, bata 1 taza de aceite virgen de oliva, y añada poco a poco. Cuando empiece a espesar, continúe añadiendo el aceite. Finalmente, añada un poco de zumo limón y sazónelo.

6 Caliente 1 cm de aceite vegetal en una sartén. Cocine el pescado durante 3-4 min hasta que ambos lados estén dorados. Séquele el aceite con papel de cocina y sírvalo caliente, adornado con el perejil, la corteza del limón y acompañado con el alioli.

Gambas picantes

Este plato delicioso no le supondrá ningún tiempo de preparación. Sírvalo inmediatamente, incluso directamente de la cazuela.

4 personas

INGREDIENTES
2 dientes de ajo, cortados por la mitad
2 cucharadas de mantequilla
1 chile rojo pequeño, sin semilla,
   y cortado en trozos pequeños
115 g/4 oz de gambas cocinadas,
   con el caparazón
sal y pimienta negra
corteza de lima

1 Frote los dientes de ajo en la superficie de una sartén y tírelos. Añada la mantequilla y caliéntelo hasta que se dore.

2 Añada el chile y las gambas. Fríalo durante 1-2 min, sazónelo, pruébelo y sírvalo con la corteza de la lima y el zumo.

Calamar frito

El calamar rebozado con harina y huevo antes de freir, lo protege y no le cambia el sabor.

4 personas

INGREDIENTES
115 g/4 oz de calamar preparado, cortado en aros
2 cucharadas de harina
1 huevo
2 cucharadas de leche
aceite de oliva para freír
sal
1 limón

1 Enharine los aros del calamar en un recipiente de plástico. Bata el huevo y la leche juntos en otro recipiente. Caliente el aceite en una sartén.

2 Añada los aros del calamar en el huevo batido y sáqueles el exceso de líquido. Póngalos en el aceite caliente y fríalos durante 2-3 min, removiéndolos, hasta que estén dorados.

3 Séqueles el aceite con un papel de cocina y sazónelos con sal. Colóquelos en un plato caliente y sírvalos con los trozos de limón.

VARIACIÓN: Para que queden crujientes, después de cubrir los anillos con harina cúbralos con un poco de mantequilla y luego con el huevo.

TAPAS

Judías verdes con jamón

Se trata de una combinación muy popular que también puede prepararse con lomo ahumado, lomo curado y ahumado de cerdo, o tocino.

4 personas

INGREDIENTES
450 g/1 lb de judías francesas
3 cucharadas de aceite de oliva
1 cebolla, cortada
   en trozos finos
2 dientes de ajo, cortados finos
½ taza de jamón
   serrano cortado
sal y pimienta negra fresca

1 Cocine las judías francesas en agua hirviendo, durante 5-6 min, hasta que se ablanden, pero no del todo. Escúrralas bien.

2 Mientras calienta el aceite en una sartén, añada la cebolla y fríala durante 5 min, hasta que se ablande. Añada el ajo y el jamón, y cocínelo durante 1-2 min.

3 Añada las judías a la freidora y cocínelas, removiendo de vez en cuando, durante 2-3 min. Sazónelo con sal y pimienta y pruébelo. Puede servirlo caliente.

CONSEJOS: El jamón serrano, que literalmente significa jamón de montaña, generalmente proviene de Cáceres, Granada y Salamanca.

Judías cocidas con cerdo

La fabada es un cocido típico español. Su nombre proviene del tipo de judía. Este plato es simple, rápido de cocinar y resulta una buena opción como tapa.

4 personas

INGREDIENTES
1 cucharada de aceite de oliva
175 g/6 oz de vientre de cerdo,
  sin piel y cortado
115 g/4 oz de chorizo curado, cortado
1 cebolla, cortada
1 diente de ajo, cortado en trozos finos
1 tomate grande, cortado
  en trozos grandes
¼ cucharadita de chile
400 g/14 oz de judías *cannellini*, escurridas
⅔ de taza de caldo de pollo
sal y pimienta negra fresca
hojas de perejil, para adornar

1 Caliente el aceite en una sartén y fría el cerdo, el chorizo, la cebolla y el ajo durante 5-10 min, hasta que la cebolla esté tierna y dorada. Añada el tomate y el chile y cocínelo durante 1 min más.

2 Añada las judías y el resto de ingredientes. Caliente hasta que empiece a hervir, a fuego lento durante 15-20 min, hasta que el cerdo esté bastante cocinado. Añada la sal y la pimienta y sírvalo adornado con el perejil.

Gazpacho

Una sopa tradicional y fresca, perfecta para el verano. Asegúrese de que todos los ingredientes estén en perfectas condiciones para conseguir un sabor más delicioso.

6 personas

INGREDIENTES
1 pimiento verde, sin semillas
   y cortado en trozos grandes
1 pimiento rojo, sin semillas
   y cortado en trozos grandes
½ pepino, cortado en trozos
   grandes
1 cebolla, cortada
1 chile rojo fresco, sin semillas
   y cortado
450 g/1 lb de tomates, cortados en trozos
3 ¾ tazas de zumo de tomate
2 cucharadas de vinagre de vino
2 cucharadas de aceite de oliva
1 cucharada de azúcar caster
sal y pimienta negra fresca
y hielo en trozos, para adornar
   (opcional)

2 Triture todos los demás ingredientes en un triturador, excepto el hielo, hasta que desaparezcan.

1 Reserve trozos pequeños de pimiento verde y rojo, pepino y cebolla, como adorno.

3 Cuele la sopa, presionándola con una cuchara para extraer el mayor sabor posible.

VARIACIÓN: Si lo desea sírvalo con trocitos de pan fritos y aceitunas dispuestos en un recipiente aparte para añadir a la sopa.

4 Sazónelo y déjelo en reposo. Sirva el gazpacho con los trocitos de pimiento, pepino y cebolla. Para darle un toque especial, añada el hielo troceado.

Caldo gallego

Esta deliciosa sopa campechana es similar al caldo de patatas y carne de climas fríos.

4 personas

INGREDIENTES
450 g/1 lb de jamón,
    en una pieza
2 hojas de laurel
2 cebollas, cortadas
2 cucharaditas de *paprika*
675 g/1 ½ lb de patatas, peladas
    y cortadas en trozos grandes
225 g/8 oz de verduras
425 g/15 oz de alubias o judías
    cannellini, escurridas
sal y pimienta negra fresca

1 Deje en remojo el jamón toda la noche en agua fría. Escúrralo y póngalo en una cazuela grande con las hojas de laurel y las cebollas. Vierta 6 ¼ tazas de agua fría.

2 Caliente hasta que empiece a hervir, reduzca el fuego y déjelo cocer a fuego lento durante 1 ½ h, hasta que la carne esté tierna. Vigile la cazuela para que no hierva.

VARIACIÓN: Los nudillos de bacon pueden usarse en lugar del jamón. Los huesos dan al caldo un sabor delicioso.

3 Escurra la carne, reservando el líquido, y enfríela ligeramente. Saque la piel y el exceso de grasa de la carne y córtela en trozos.

4 Añada a la cazuela *paprika* y patatas. Caliente hasta que empiece a hervir y reduzca el fuego; tape y deje cocer a fuego lento durante 15 min.

5 Corte el corazón de las verduras. Enrolle las hojas y córtelas en pedazos. Añádalos a la cazuela con las judías y cocínelo durante 5-10 min. Sazónelos con sal y pimienta y sirva caliente.

Sopa de pimiento dulce y tomate fría

A diferencia del gazpacho, esta sopa se cocina antes de que se enfríe.

4 personas

INGREDIENTES
2 pimientos rojos, cortados
   por la mitad y sin semillas
3 cucharadas de aceite de oliva
1 cebolla, cortada
   en trozos finos
2 dientes de ajo, triturados
675 g/1 ½ lb de tomates maduros,
   cortados en trozos
⅔ de taza de vino tinto
2 ½ tazas de caldo de pollo
cebollinos frescos,
   para adornar

PARA LOS CUSCURROS
4 cucharadas de aceite de oliva
2 trozos de pan blanco, sin corteza
   y cortados en cubos

1 Caliente la parrilla. Corte los pimientos en cuartos. Deje que la piel se carbonice. Colóquelos en un recipiente, cúbralos y déjelos que se enfríen.

2 Caliente el aceite en una cazuela. Añada la cebolla y el ajo y cocínelo a fuego lento.

CONSEJOS: Si utiliza cebollinos cultivados en casa, use solamente las hojas tiernas sin flores.

3 Cuando los pimientos se hayan enfriado, sáqueles la piel y córtelos.

4 Añada los pimientos y tomates a la cazuela, cúbrala y cocínelos a fuego lento durante 10 min. Añada el vino y cocínelo durante 5 min más, entonces sazone con la pimienta y la sal, y continúe cocinándolo a fuego lento durante 20 min.

5 Para hacer los cuscurros, caliente el aceite en una sartén, añada el pan y fríalo hasta que se dore. Sáquele el aceite con papel de cocina y coloque en un recipiente cerrado herméticamente.

6 Triture la sopa hasta que se desmenucen todos los ingredientes. Vierta en una jarra de cristal o un recipiente de cerámica y deje enfriar en la nevera durante al menos 3 h. Cuando la sopa esté fría, sazónela y pruébela. Sirva la sopa en cuencos, cubierta con los cuscurros y adornada con los cebollinos.

Sopa de ajo

Esta es una sopa fácil de cocinar y muy rica, hecha con uno de los ingredientes más famosos y populares de España: ¡El ajo!

4 personas

INGREDIENTES
2 cucharadas de aceite
 de oliva
4 dientes de ajo grandes
4 trozos de pan francés,
 5 mm/¼ in de grosor
1 cucharada de *paprika*
1 litro de caldo de ternera
¼ cucharadita de comino
algunas ramas de azafrán
4 huevos
sal y pimienta negra
 fresca
perejil cortado,
 para adornar

1 Caliente el horno a 230 °C/450 °F. Caliente el aceite en una cazuela. Añada los dientes de ajo y dórelos. Sáquelos y apártelos Fría el pan hasta dorar y aparte.

2 Añada la *paprika* a la cazuela y fríala unos segundos. Coloque el resto de ingredientes, el azafrán y el ajo que había dejado aparte, triture los ajos con una cuchara. Sazónelo y cocínelo 5 min.

3 Coloque la sopa en 4 cuencos que puedan meterse en el horno y añada 1 huevo a cada uno de ellos. Cúbralos con el pan y déjelo cocer al horno 3-4 min, hasta que los huevos se hayan cocinado. Sírvalo cubierto con un poco de perejil.

Sopa fría de almendras

A menos que quiera pasarse el rato machacando los ingredientes para este plato, un triturador manual será lo mejor.

6 personas

INGREDIENTES
115 g/4 oz de pan blanco,
   (unos 4 trozos gruesos)
1 taza de almendras,
   sin piel
2 dientes de ajo, cortados
5 cucharadas de aceite de oliva
1 ½ cucharada de vinagre de Jerez
sal y pimienta negra
   fresca
almendras tostadas, verduras
   y uvas negras, cortadas y peladas,
   para adornar

1 Corte el pan y póngalo en un cuenco con agua fría (⅔ de taza). Déjelo durante 5 min.

2 Triture las almendras y el ajo. Viértalo en el agua con el pan.

3 Añada el aceite poco a poco hasta que se convierta en una masa suave. Añada el vinagre de jerez y 2 ½ tazas de agua fría y bátalo hasta que sea completamente una crema suave.

4 Colóquelo en un recipiente y sazone con sal y pimienta; añada un poco de agua si la sopa es muy espesa. Déjela enfriar durante 2-3 h.

5 Coloque la sopa en cuencos y cubra con las almendras tostadas y las uvas peladas.

PLATOS DE PESCADO

Pan frito con ajo y sardinas

Sardinas fritas ligeramente con un poco de ajo se convertirán en un plato delicioso para comer o cenar. Este plato también se puede preparar con anchoas frescas.

4 personas

INGREDIENTES
1,2 kg/2 ½ lb de sardinas frescas
2 cucharadas de aceite de oliva
4 dientes de ajo
corteza de 2 limones, rallada
2 cucharadas de perejil fresco, cortado
sal y pimienta negra fresca
trozos de ajo fritos,
    para adornar

PARA LAS TOSTADAS CON TOMATE
2 tomates grandes maduros
8 trozos de pan con corteza,
    tostados

2 Caliente el aceite en una sartén y añada el ajo. Cocínelo a fuego lento hasta que esté tierno. Retírelo del fuego y aparte.

3 Añada las sardinas y fríalas durante 4-5 min. Rocíelas con la corteza del limón y el perejil y sazónelas.

1 Limpie las sardinas. Si lo prefiere, puede sacarles la cabeza, pero no es muy importante. Con un cuchillo o con las manos, rasgue el pescado desde la cola a la cabeza. Es aconsejable hacerlo bajo el agua fría.

VARIACIÓN: Si tiene suficiente suerte de encontrar anchoas frescas, que son bastante más pequeñas que las sardinas, prepárelas separando el hueso de la cabeza. Cuando saque la cabeza, la mayor parte de las tripas se separarán con ésta.

PLATOS DE PESCADO

4 Triture el ajo y unte en las tostadas. Corte los tomates por la mitad, sáqueles la piel y frótelos en el pan. Sirva las sardinas acompañadas con el pan con tomate, y adorne con los trozos de ajo frito, el perejil restante y la corteza del limón.

Merluza con vino blanco

En España, la merluza es un pescado muy popular. Tiene un sabor muy delicado y una textura muy frágil.

4 personas

INGREDIENTES
2 cucharadas de aceite de oliva
25 g/1 oz de mantequilla
1 cebolla, cortada
3 dientes de ajo, cortados
1 cucharada de harina
½ cucharadita de *paprika*
4 trozos de merluza,
    de 175 g/6 oz cada uno
250 g/9 oz de judías verdes finas, cortadas
    a lo largo en trozos de 2,5 cm/1 in
1 ½ tazas de caldo de pescado
⅔ de taza de vino blanco seco
2 cucharadas de jerez seco
16-20 mejillones, limpios
3 cucharadas de perejil fresco
sal y pimienta negra fresca
pan con corteza, para servir

2 Mezcle la harina y la *paprika*, y rocíe los filetes de merluza. Aparte la cebolla y el ajo a un lado de la sartén. Añada los filetes de merluza a la sartén y fría durante 5 min las dos caras, hasta que se doren.

3 Añada las judías, los demás ingredientes, el vino, el jerez y sazónelo. Caliéntelo hasta que hierva y cocine durante 2 min.

1 Caliente el aceite y la mantequilla en una sartén, añada la cebolla y cocínela durante 5 min, hasta que se ablande, pero no se dore. Añada el ajo cortado y cocínelo durante 1 min más.

CONSEJOS: Antes de cocinar los mejillones, descarte los que no se cierren cuando les dé un golpecito.

PLATOS DE PESCADO

4 Añada los mejillones y el perejil, tape la sartén y cocínelos durante 5-8 min, hasta que se hayan abierto. Aparte los mejillones que sigan cerrados. Sirva la merluza en recipientes de sopa calientes, con el pan para absorber el jugo.

Paella de marisco

Este es el plato español más conocido en el mundo. Si no puede encontrar arroz valenciano, el arroz arborio es un buen sustituto.

4 personas

INGREDIENTES
4 cucharadas de aceite de oliva
225 g/8 oz pejesapo o bacalao,
  sin piel y cortado en trozos
3 calamares pequeños, cortados en aros
  y con los tentáculos
1 salmonete rojo, en filete, sin piel
  y cortado en trozos (opcional)
1 cebolla, cortada
3 dientes de ajo, cortados
1 pimiento rojo, sin semillas,
  cortado
4 tomates cortados y pelados
1 ¼ tazas de arroz valenciano
2 tazas de vino blanco
¾ de taza de guisantes congelados
4-5 ramas de azafrán en remojo
  en 2 cucharadas de agua caliente
1 taza de gambas peladas
  y cocinadas
8 mejillones con su concha,
  limpios
sal y pimienta negra fresca
1 cucharada de perejil,
  para adornar
limones en trozos, para servir

1 Caliente 2 cucharadas de aceite de oliva en una sartén grande y añada el pejesapo o bacalao, el calamar y el salmonete, si los usa. Fríalo durante 2 min; luego, transfiéralo con su jugo a un recipiente y déjelo aparte.

2 Caliente las 2 cucharadas restantes de aceite en una sartén y añada el aceite, el ajo y el pimiento. Fríalo, removiendo frecuentemente durante 6-7 min, hasta que la cebolla y el pimiento estén tiernos.

3 Añada los tomates y fríalos durante 2 min; añada el arroz, removiendo para cubrir los granos con el aceite, y cocine de 2 a 3 min. Añada el pescado y el vino, así como los guisantes, el azafrán y el agua. Sazónelo bien y mézclelo.

4 Añada el resto del pescado cocinado con su jugo, las gambas y los mejillones.

Platos de Pescado

5 Cúbralo y cocine a fuego lento durante 30 min, removiéndolo, hasta que el jugo haya sido absorbido, pero todavía esté húmedo.

6 Sáquelo del fuego y deje tapado durante 5 min. Quite los mejillones que sigan cerrados.

7 Adorne la paella con el perejil y sírvala con los trozos de limón.

> CONSEJOS: En España el plato se sirve en una cazuela con 2 mangos llamada «paellera».

Merluza y almejas con salsa verde

Esta merluza es la más conocida, cocinada en una salsa con perejil, zumo de limón y ajo.

4 personas

INGREDIENTES
4 filetes de merluza,
 de 2 cm/¾ in de grosor
2 cucharadas de harina
 para espolvorear,
 y 2 más para rebozar
4 cucharadas de aceite
 de oliva
1 cucharada de zumo
 de limón
1 cebolla pequeña,
 cortada
4 dientes de ajo, triturados
⅔ de taza de caldo de pescado
⅔ de taza de vino blanco
6 cucharadas de perejil fresco
¾ de taza de guisantes
 congelados
8 almejas
sal y pimienta fresca negra

1 Caliente el horno a 180 °C/350 °F. Sazone los filetes de merluza con sal y pimienta, y rebócelos con la harina.

2 Caliente 2 cucharadas de aceite en una sartén, añada el pescado y fríalo durante 1 min por cada lado. Colóquelo en un plato para horno y remójelo con zumo de limón.

3 Limpe la sartén y caliente el aceite restante. Añada la cebolla, el ajo y cocine a fuego lento.

4 Añada 2 cucharadas de harina y cocínelo durante 1 min. Gradualmente, añada el resto de ingredientes y el vino, mezclándolo hasta que espese. Añada 5 cucharadas de perejil y los guisantes, y sazone con sal y pimienta.

5 Vierta la salsa sobre el pescado frito, y ponga en el horno precalentado durante 15-20 min; añada las almejas al plato 3-4 min antes de que se acabe de cocinar.

6 Saque las almejas que no se hayan abierto y rocíelo con el perejil antes de servir.

Zarzuela

Zarzuela significa «ópera ligera» o «comedia musical» en español, y el clásico cocido de pescado tiene el mismo nombre por su vida y colorido.

6 personas

INGREDIENTES
1 langosta cocida
1 cola de pejesapo
225 g/8 oz de calamares
 cortados en aros
1 cucharada de harina
6 cucharadas de aceite de oliva
12 gambas crudas, grandes
2 cebollas grandes, cortadas
4 dientes de ajo, triturados
2 cucharadas de coñac
450 g/1 lb de tomates maduros,
 pelados y cortados
2 hojas de laurel
1 cucharadita de *paprika*
1 chile rojo, sin semilla y cortado
1 ¼ tazas de caldo
 de pescado
24 mejillones o almejas, limpios
2 cucharadas de almendras
2 cucharadas de perejil
 cortado y fresco
sal y pimienta negra fresca

1 Usando un cuchillo grande, corte la langosta a lo largo por la mitad. Sáquele el intestino negro, que está en la parte inferior izquierda de la cola. Rompa las pinzas usando un martillo. Corte el pejesapo en filetes desde el cartílago central; corte cada filete en 3 trozos. Reboce el pejesapo en la harina sazonada.

2 Caliente el aceite en una sartén. Añada el pescado y fríalo, removiéndolo hasta que se ablande, y sáquelo de la sartén. Fría las gambas hasta que estén cocinadas y sáquelas de la sartén.

3 Añada las cebollas y dos terceras partes del ajo, y fríalo 3 min. Añada el coñac y enciéndalo. Cuando las llamas disminuyan, añada los tomates, las hojas de laurel, la *paprika,* el chile y el resto de ingredientes.

4 Caliente hasta que empiece a hervir, reduzca el fuego y cocínelo a fuego lento 5 min. Añada los mejillones y las almejas, tápelo y cocine 3-4 min, hasta que se abran y entonces remuévalas de la sartén.

PLATOS DE PESCADO

5 Saque cualquier almeja o mejillón que esté cerrado. Coloque todo el pescado en un plato a prueba de fuego para servir.

6 Añada las almendras con el ajo restante y el perejil, y mézclelo en la salsa. Sazone con sal y pimienta. Vierta la salsa sobre el pescado y la langosta, y cocine durante 8 min, hasta que esté caliente. Sírvalo inmediatamente.

Pollo a la cazuela con higos picantes

Los catalanes tienen varias recetas de fruta con carne. Esta es una de ellas pero poco habitual; usa una de las frutas más fuertemente asociada a España: el higo, que se hervirá con un almíbar ligeramente picante.

4 personas

INGREDIENTES
½ taza de vino blanco
   ligeramente dulce
corteza de ½ limón
1,5 kg/3-3 ½ lb de pollo
   cortado en 8 piezas
50 g/2 oz de chicharrones,
   o bacon cortado
   en trozos grandes
sal y pimienta negra fresca
ensalada verde, para servir

PARA LOS HIGOS
⅔ de taza de azúcar
½ taza de vinagre
   de vino blanco
1 limón en trozos
1 palo de canela
450 g/1 lb de higos frescos

1 Para preparar los higos, ponga el azúcar, el vinagre, el limón en trozos y la canela en una sartén con ½ taza de agua. Caliente hasta hervir, y cocine durante 5 min.

2 Añada los higos al almíbar en la sartén, tápelos y cocine durante 10 min. Saque la sartén del fuego y déjela cubierta durante 3 h.

3 Precaliente el horno a 180 °C/350 °F. Escurra los higos y colóquelos en un recipiente. Añada el vino y la piel del limón. Sazone el pollo.

4 En una sartén grande, cocine los chicharrones o el bacon hasta que la grasa se derrita y se doren. Póngalos en un plato para horno, dejando toda la grasa en la sartén. Añada el aceite a la sartén y cocine el pollo en piezas.

CONSEJOS: Los higos frescos están maduros cuando son blandos al tacto y la piel florece.

5 Escurra los higos, añada el vino a la sartén con el pollo. Cocínelo hasta que la salsa se reduzca y sea parecida al jarabe. Ponga los ingredientes de la sartén en un plato para horno, y métalos en él durante 20 min.

6 Añada los higos y el pollo con los demás ingredientes, cubra el plato y vuélvalo a meter en el horno durante 10 min o hasta que el pollo esté cocinado. Para comprobar utilice un cuchillo afilado. Sírvalo con ensalada verde.

Pollo con chorizo

Añada chorizo y jerez; da un sabor cálido e interesante a este simple plato. Sírvalo con arroz o patatas hervidas.

4 personas

INGREDIENTES
1 pollo mediano, cortado, o 4 muslos de pollo, cortadas por la mitad
2 cucharaditas de *paprika*
4 cucharadas de aceite de oliva
2 cebollas pequeñas, cortadas
6 dientes de ajo, cortados en trozos pequeños
150 g/5 oz de chorizo, cortado
400 g/14 oz de tomates, cortados
12-16 hojas de laurel fresco
5 cucharadas de jerez
sal y pimienta negra fresca
arroz o patatas, para servir

1 Precaliente el horno a 190 °C/375 °F. Cubra el pollo con la *paprika*, asegurese de que está cubierto y sazónelo con sal.

2 Caliente el aceite de oliva en una sartén y fría el pollo hasta que esté dorado por ambos lados.

3 Colóquelo en un plato a prueba de horno. Añada las cebollas a la sartén y fríalas rápidamente. Añada el ajo y el chorizo cortado y fríalo durante 2 min.

4 Añada los tomates, 2 hojas de laurel y el jerez y caliéntelos hasta que empiecen a hervir. Añada al pollo y deje cocer tapado en el horno durante 45 min.

5 Saque la tapa, sazone y pruebe. Cocínelo, sin tapar, durante 20 min, hasta que el pollo esté dorado y tierno. Sirva con arroz y patatas, adornado con las restantes hojas de laurel.

Pollo con jamón y aceitunas

Un plato con mucho colorido para entretenerse, servido con ensalada verde.

8 personas

INGREDIENTES
2 cucharadas de harina
 y 2 cucharaditas de *paprika*
½ cucharadita de sal
16 muslos de pavo
4 cucharadas de aceite de oliva
5 tazas de caldo de pollo
1 cebolla, cortada
2 dientes de ajo, triturados
2 ⅓ tazas de arroz
2 hojas de laurel
1 ⅓ tazas de jamón serrano en dados
1 taza de aceitunas verdes con pimiento
1 pimiento verde, sin semillas
 y cortado en dados
2 x 400 g/14 oz de tomates cortados
4 cucharadas de perejil fresco cortado
ramas de perejil, para adornar

1 Precaliente el horno a 180 °C/350 °F. Mezcle la harina, la *paprika* y la sal en una bolsa de plástico; añada las piernas de pavo y remueva para que se mezcle. Caliente el aceite en una cazuela a prueba de fuego y dore el pavo lentamente por ambos lados. Sáquelo de la cazuela y manténgalo caliente.

2 Añada el resto de ingredientes a la cazuela: la cebolla, el ajo, el arroz y las hojas de laurel. Caliéntelo hasta que empiece a hervir y cocine durante 10 min.

3 Coloque el pollo encima, cúbralo y déjelo hornear durante 30-40 min, o hasta que esté tierno. Añada el resto de ingredientes si es necesario, para prevenir que se seque. Quite las hojas de laurel y sírvalo adornado con el perejil.

Pato picante con peras

Esta cazuela deliciosa está basada en un plato catalán que usa oca o pato.

6 personas

INGREDIENTES
6 porciones de pato, de la pechuga o la pierna
3 cucharadas de aceite de oliva
1 cebolla grande, cortada en trozos finos
1 palo de canela, cortado por la mitad
2 ramas de tomillo
2 tazas de caldo de pollo
3 peras maduras
2 dientes de ajo, cortados
¼ de taza de piñones
½ cucharadita de azafrán
2 cucharadas de pasas
sal y pimienta negra fresca
perejil o ramas de tomillo, para adornar
puré de patatas y verduras, para servir (opcional)

2 Escúrralo y quite al menos 1 cucharada de la grasa de la sartén; añada la cebolla y fríala durante 5 min. Añada la canela, el tomillo y caliéntelo hasta que empiece a hervir. Mézclelo con el pato y póngalo en el horno durante 1 ¼ h.

3 Mientras, corte las peras por la mitad y fría rápidamente en el aceite restante hasta que se empiecen a dorar por los dos lados. Añada el ajo, los piñones y el azafrán en un mortero para triturarlo hasta que se convierta en una masa espesa.

1 Precaliente el horno a 180 °C/350 °F. Fría el pato en 1 cucharada de aceite durante 5 min, hasta que la piel se dore. Colóquelo en un plato para horno.

4 Añada la pasta a la cazuela, junto con las peras y las pasas. Déjelo cocer al horno durante 15 min hasta que las peras estén tiernas.

PLATOS DE POLLO, AVES DE CAZA Y CARNE

5 Sazone, añada la sal y la pimienta y pruebe; adorne con el tomillo y el perejil. Sírvalo con el puré de patatas y las verduras, si lo desea.

CONSEJOS: Es muy importante que use ingredientes de calidad para este plato. Compre un pato grande (más dos pechugas extra, es mejor ser generoso con las porciones), córtelo usando los menudillos y el resto de pato como provisión. O si lo prefiere, compre las porciones y el caldo de pollo en lata.

Cordero con pimientos rojos y Rioja

Con mucho ajo, pimientos, hierbas y vino tinto, el cordero consigue un sabor riquísimo. Esta cazuela deliciosa está basada en un plato catalán que utiliza oca o pato.

4 personas

INGREDIENTES
900 g/2 lb de filete de cordero, parte magra
1 cucharada de harina y 4 cucharadas de aceite de oliva
2 cebollas rojas y 4 dientes de ajo cortados
2 cucharaditas de *paprika*
¼ de cucharadita de dientes de ajo
2 hojas de laurel fresco
2 ramas de tomillo
1 ⅔ tazas de vino tinto Rioja
⅔ de taza de caldo de cordero
3 pimientos rojos, cortados y sin semillas
sal y pimienta negra fresca
hojas de laurel frescas y ramas de tomillo, para adornar
judías verdes y arroz de azafrán, o patatas hervidas, para servir

1 Precaliente el horno a 160 °C/325 °F. Corte el cordero en trozos. Sazónelo y rebócelo con la harina.

2 Caliente el aceite en una sartén y fría el cordero, removiéndolo hasta que se dore. Colóquelo en un plato para horno. Fría las cebollas en una cazuela con el ajo, la *paprika,* las hojas de laurel y el tomillo.

3 Añada el Rioja y el resto de ingredientes; caliéntelo hasta que hierva, removiéndolo de vez en cuando. Vierta el contenido de la cazuela sobre la carne. Cúbralo con una tapa y déjelo en el horno 30 min.

4 Saque el plato del horno. Mezcle los pimientos rojos en el cocido y sazone con sal y pimienta. Hornee 30 min más hasta que la carne esté tierna. Adorne el cocido con las hojas y ramas de tomillo y sirva con las judías verdes y el arroz de azafrán, o las patatas hervidas.

VARIACIÓN: Puede usar trozos de carne magra de cerdo en lugar del cordero, y vino de Rioja blanco.

Cerdo y salchichas a la cazuela

Este plato de Cataluña usa butifarra picante. Puede encontrarla en alguna tienda de comida española; si no, la salchicha dulce italiana será excelente para esta receta.

4 personas

INGREDIENTES
2 cucharadas aceite de oliva
4 chuletas de cerdo sin hueso, de 175 g/6 oz
4 butifarras, o salchichas dulces italianas
1 cebolla, cortada
2 dientes de ajo, cortados
½ taza de vino blanco
4 tomates, cortados
1 hoja de laurel
2 cucharadas de perejil cortado, fresco
sal y pimienta negra fresca
ensalada verde, para servir

2 Añada las salchichas, la cebolla y el ajo a la sartén y cocínelo a fuego moderado hasta que las salchichas estén doradas y la cebolla tierna, removiendo las salchichas 2 o 3 veces mientras las cocina. Añada las chuletas.

1 Caliente el aceite en una sartén grande. Cocine las chuletas de cerdo por ambos lados a fuego fuerte hasta que se doren. Póngalas en un plato.

3 Vierta el vino, los tomates y la hoja de laurel y sazónelos con sal y pimienta. Añada el perejil. Tape y cocine durante 30 min.

VARIACIÓN: Los tomates de parra, que además puede encontrar en los supermercados, pueden usarse en lugar de los otros tomates.

4 Saque las salchichas de la sartén y trocéelas. Colóquelas de nuevo en la sartén y cocine un rato. Sirva caliente, acompañado de una ensalada verde.

Albóndigas en salsa de tomate

Estas deliciosas albóndigas pequeñas en su salsa aromática se pueden servir con pasta o arroz como un plato completo para la comida.

4 personas

INGREDIENTES
225 g/8 oz de cordero
 o ternera picada
4 cebollas, cortadas en trozos finos
2 dientes de ajo, cortados
 en trozos pequeños
2 cucharadas de queso Manchego
 maduro, rallado
2 cucharaditas de hojas de tomillo
1 cucharada de aceite de oliva
3 tomates, cortados
2 cucharadas de vino seco
 blanco o tinto
2 cucharaditas de romero fresco, cortado
un pellizco de azúcar
sal y pimienta negra fresca
tomillo fresco, para adornar

2 Mézclelo y haga bolas pequeñas, usando los dedos.

3 Caliente el aceite de oliva en una sartén y cocine las albóndigas, removiéndolas constantemente, durante 5 min, hasta que estén doradas.

1 Coloque el cordero o ternera picada en un recipiente. Añada las cebollas, los ajos, el queso Manchego y el tomillo, y bastante sal y pimienta.

CONSEJOS: El queso Manchego maduro o curado lo puede encontrar en muchos grandes supermercados, así como en tiendas especializadas de quesos.

PLATOS DE POLLO, AVES DE CAZA Y CARNE

4 Añada los tomates cortados, el vino, el romero y el azúcar, junto con la sal y la pimienta, y pruébelo. Tápelo y cocínelo a fuego lento durante 15 min, hasta que los tomates estén pulposos y las albóndigas cocinadas. Sírvalo caliente, adornado con el tomillo.

POSTRES

Naranjas heladas

Las naranjas son casi un sinónimo de España, y el sorbete es la forma de servirlas más refrescante y atractiva.

8 personas

INGREDIENTES
¾ de taza de azúcar,
   más alguna extra, si lo necesita
zumo de 1 limón, más extra si lo necesita
14 naranjas medianas
1 naranja extra, o compre zumo
   de naranja si lo necesita
8 hojas de laurel frescas, para decorar

1 Coloque el azúcar en una cazuela. Añada la mitad del zumo de limón y ½ taza de agua. Cocínelo a fuego lento hasta que el azúcar se haya deshecho. Llévelo a ebullición, removiéndolo durante 2-3 min, hasta que se forme el almíbar. Déjelo enfriar.

2 Corte la parte superior de 8 naranjas, para hacer gorros. Sáqueles el interior con una cuchara y déjelas aparte. Coloque aparte las naranjas con sus tapas en una bandeja y póngalas en el congelador hasta que las necesite.

3 Ralle la piel de las naranjas restantes y añádalas al almíbar. Exprima el zumo de las naranjas y de las que había dejado separadas. Debería tener 3 tazas. Exprima otra naranja o añada el zumo que había comprado, en caso necesario.

4 Mezcle el zumo de naranja con el restante zumo de limón y 6 cucharadas de agua, con el almíbar. Pruébelo, añada más zumo de limón y azúcar, al gusto. Vierta la mezcla en un recipiente para congelar y congélelo durante 3 h.

5 Coloque la mezcla en un recipiente y bátala para romper los cristales de hielo. Congélelo durante 4 h más, hasta que esté firme, pero no sólido.

6 Coloque el helado en las naranjas vacías y ponga las tapas. Déjelo en el congelador hasta que esté listo para servir. Justo antes de servir, ponga una brocheta en la parte superior de los «gorros» o tapas y una hoja de laurel.

Peras hervidas en vino tinto

El dulce, frutoso, casi en sabor a vainilla del Rioja hace que sea el vino perfecto para las peras hervidas.

6 personas

INGREDIENTES
6 peras
3 tazas de Rioja
7 cucharadas de azúcar *caster*
2 palos de canela
6 hojas de laurel,
  para decorar

2 Corte 5 mm/¼ in de la parte baja de cada pera, de manera que se sujeten de pie. Coloque las peras en una cazuela cómodamente. Añada el azúcar y la canela.

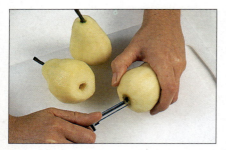

1 Pele las peras, dejando los tallos intactos. Saque el corazón de las peras.

3 Lleve el vino a ebullición, cúbralo, baje el fuego y cocínelo a fuego lento 15-20 min, hasta que las peras estén tiernas. Coloque las peras en un plato donde pueda mantenerlas calientes. Hierva el almíbar de vino hasta que se reduzca a la mitad.

4 Mezcle el almíbar y viértalo encima de las peras. Sírvalo inmediatamente, decórelo con las hojas de laurel, y déjelo enfriar. Sírvalo frío, si lo prefiere.

> CONSEJOS: Compruebe que las peras sean tiernas pinchando con un cuchillo afilado cuando las haya hervido, porque puede ser que algunas se cocinen más rápidamente que otras.

POSTRES

Flan

Aunque su origen se encuentra en España, este postre ha sido adoptado por la cocina francesa como la crema de caramelo y ahora es servido en todo el mundo.

6-8 personas

INGREDIENTES
1 ¼ tazas de azúcar
4 cucharadas de agua
1 pote de vainilla o 2 cucharaditas
  de esencia de vainilla
1 ⅔ tazas de leche
1 taza de crema de batido
5 huevos grandes
2 yemas de huevo

1 Coloque 1 taza de azúcar en una cazuela pequeña con agua. Llévelo a ebullición a fuego fuerte, mezclándolo para que se disuelva el azúcar. Hiérvalo sin mezclarlo, durante 4-5 min, hasta que se convierta en color caramelo.

2 Inmediatamente, vierta el caramelo en 4 tazas de plato *soufflé*. Gírelo para cubrir la base y los lados con el caramelo y déjelo aparte en un recipiente para parrilla.

3 Caliente el horno a 160 °C/325 °F. Con un cuchillo afilado, pequeño, reparta la vainilla a lo largo, y meta las semillas negras en una cazuela. Añada la leche y la crema y llévelo a ebullición a fuego medio, removiendo frecuentemente. Saque la cazuela del fuego, tápela y déjela aparte durante 15-20 min. Entonces, mezcle la esencia de vainilla con la leche y la crema y caliéntelo.

4 En un recipiente, bata los huevos y las yemas con el azúcar restante durante 2-3 min, hasta que se suavice y sea cremoso. Mézclelo con la leche caliente y cuidadosamente mézclelo en el plato del caramelo. Cúbralo con papel de aluminio.

5 Vierta suficiente agua hirviendo en el recipiente para asador hasta que lo cubra por la mitad. Coloque las natillas en el horno durante 40-45 min, hasta que cuando inserte el cuchillo 5 cm/2 in salga limpio. Sáquelo del recipiente y déjelo enfriar durante toda la noche.

POSTRES

6 Para sacarlo, recorra el borde del recipiente con un cuchillo. Cubra el plato con un plato para servir y gírelo. Cuidadosamente levante un lado del plato, para permitir que el caramelo caiga y se despegue del recipiente.

CONSEJOS: Cocinar el flan en un recipiente de agua para asador, o baño maría, permite que la natilla se cocine lentamente sin cuajar.

Postres

Pudin de arroz a la naranja

En España, los pudins de arroz son el plato preferido, especialmente cuando se endulzan con miel y naranja.

4 personas

INGREDIENTES
4 cucharadas de pudin de arroz
2½ tazas de leche
2-3 cucharadas de miel
piel rallada de ½ naranja pequeña
⅔ de taza de nata
1 cucharada de pistachos o almendras, tostadas

1 Mezcle el arroz con la leche, la miel y la piel de naranja en una cazuela y llévelo a ebullición. Reduzca el fuego, cúbralo y déjelo cocinar a fuego lento durante 1¼ h, removiendo de vez en cuando.

2 Saque la tapa y mezcle el arroz durante 15-20 min, hasta que esté cremoso.

3 Vierta la nata y mézclala durante 5-8 min hasta que se suavice. Sirva el arroz rociado con los pistachos o las almendras en cuencos individuales.

CONSEJOS: La miel de una única flor tiene un sabor más distintivo que las mezcladas. Para lograr un plato realmente delicioso, utilice la miel de flor única.

Higos y peras en miel

Un postre sensacional y muy simple que une los dos sabores favoritos: las peras y los higos.

4 personas

INGREDIENTES
- 1 limón
- 6 cucharadas de miel
- 1 palo de canela
- 1 bote de *cardamon*
- 1 ½ tazas de agua
- 2 peras
- 8 higos frescos, partidos por la mitad

1 Saque la corteza del limón, usando un cortador especial para pelar verduras, y córtela en trozos finos.

2 Coloque la corteza del limón, la miel, la canela y el *cardamon* en una cazuela con agua y llévelo a ebullición, sin cubrirlo, durante 10 min, hasta que se reduzca a la mitad.

3 Corte las peras en 8, sacándoles el corazón. Déjelas la piel, o pélelas si lo prefiere. Colóquelas en la cazuela, añada los higos y cocínelo durante 5 min, hasta que estén tiernas.

4 Coloque la fruta en un cuenco. Cocine el líquido hasta que se espese, y entonces saque la canela y viértala encima de la fruta.

Crema catalana

Este pudin delicioso español no es tan rico como la *crème brulée*, pero tiene un azúcar caramelizado encima bastante parecido.

4 personas

INGREDIENTES
2 tazas de leche
corteza de ½ limón, cortada
1 palo de canela
4 yemas de huevo
7 cucharadas de azúcar *caster*
1 ½ taza de harina de maíz
nuez moscada rallada

1 Ponga la leche, la corteza del limón y la canela en una cazuela. Llévelo a ebullición y déjelo cocer 10 min a fuego lento. Saque la corteza de limón y la canela. Coloque las yemas de huevo y 3 cucharadas de azúcar en un recipiente y bátalo hasta que se convierta en una masa de color amarillo. Añada la harina de maíz y mézclelo bien.

CONSEJOS: El postre se debería servir enseguida después de que se haya formado el caramelo en la parte superior. El caramelo se mantendrá duro solamente 30 min.

2 Añada unas cuantas cucharadas de la leche caliente y luego añada el preparado a la leche restante. Colóquelo en el fuego y cocínelo a fuego lento, removiendo, durante unos 5 min, hasta que se convierta en una masa espesa y cremosa. No permita que hierva.

3 Vierta las natillas en platos para horno, de unos 13 cm/5 in de diámetro. Déjelas enfriar durante unas cuantas horas, si puede durante la noche.

4 Justo antes de servirlas, cubra cada pudin con 1 cucharada de azúcar y la nuez moscada. Precaliente la parrilla a temperatura alta.

5 Coloque los pudins enfriados en la parrilla, lo más alto que pueda, y déjelos en el horno hasta que el azúcar se haya caramelizado, volviéndose marrón y crujiente. Esto pasará en unos segundos. Deje los postres enfriar durante unos minutos antes de servirlos.

VARIACIÓN: Otra forma de hacer el caramelo es usando una cuchara caliente y presionando encima del azúcar hasta que se vuelva crujiente. Repita, calentando y limpiando la cuchara cada vez.

Notas

Para las recetas, las cantidades se expresan utilizando el Sistema Métrico Decimal y el Sistema Británico, aunque también pueden aparecer en tazas y cucharadas estándar. Siga uno de los sistemas, tratando de no mezclarlos, ya que no se pueden intercambiar.

Las medidas estándar de una taza y una cucharada son las siguientes:

1 cucharada = 15 ml

1 cucharadita = 5 ml

1 taza = 250 ml/8 fl oz

Utilice huevos medianos a menos que se especifique otro tamaño en la receta.

Abreviaturas empleadas:

kg = kilogramo

g = gramo

lb = libra

oz = onza

l = litro

ml = mililitro

fl oz = onza (volumen)

h = hora

min = minuto

s = segundo

Copyright © EDIMAT LIBROS, S. A.
C/ Primavera, 35
Polígono Industrial El Malvar
28500 Arganda del Rey
MADRID-ESPAÑA

Copyright © Annes Publishing Limited, London

ISBN: edición tapa dura 84-9764-020-9 - edición rústica 84-9764-060-8
Depósito legal: edición tapa dura M-31177-2002 - edición rústica M-31416-2002
Impreso en: COFÁS

Reservados todos los derechos. El contenido de esta obra está protegido por la Ley, que establece penas de prisión y/o multas, además de las correspondientes indemnizaciones por daños y perjuicios, para quienes reprodujeren, plagiaren, distribuyeren o comunicaren públicamente, en todo o en parte, una obra literaria, artística o científica, o su transformación, interpretación o ejecución artística fijada en cualquier tipo de soporte o comunicada a través de cualquier medio, sin la preceptiva autorización.

Traducido por: Traduccions Maremagnum MTM
Fotografía: Karl Adamson, Steve Baxter,
James Duncan, Michelle Garrett,
Patrick McLeavey, Thomas Odulate.

IMPRESO EN ESPAÑA – PRINTED IN SPAIN